MARIA IRIS LO-BUONO

SÃO PAULO
2021

MORADEIRAS MARIA IRIS LO-
DEDEIA #dicadairis #TERAPIA
BUONO @coachingfalarempublic
NAMORADEIRAS MARIA I
airis DEDEIA #dicadairis #
coachingfalarempublico WWW.IRI
ORADEIRAS MARIA IRIS LO-B
DEDEIA #dicadairis #TERAPIA
WW.IRISBUONO.COM IRISLO-BUONO #di
LO-BUONO #dra.irisbuono poem
ERAPIAEPOESIA @IRISBUONO @coachi
DEDEIA @coachingfalarempublic
NAMORADEIRAS MARIA
BUONO DEDEIA #dicadairis #
coachingfalarempublico WWW.IRI
AMORADEIRAS MARIA IRIS LO-
DEDEIA #dicadairis #TERAPIA
coachingfalarempublico WWW.IRI
AMORADEIRAS MARIA IRIS LO-
DEIA #dicadairis #TERAPIA
@coachingfalarempublic
BUONO @IRISBUONO MARIA IRIS LO-
DEDEIA #dicadairis #TERAPIA
WW.IRISBUONO.COM IRISLO-BUONO DED

#dra.irisbuono poemas no
@IRISBUONO @coachingfalaremp
WWW.IRISBUONO.COM #TERAPIAEPOESIA #di
LO-BUONO #dra.irisbuono poem
RAPIAEPOESIA @IRISBUONO @coachi
O.COM IRISLO-BUONO #dicadairi
#dra.irisbuono poemas no
OESIA @IRISBUONO @coachingfalarempub
dairis @coachingfalarempubli
no divã NAMORADEIRAS #d
larempublico DEDEIA @IRISBUONO WWW
WW.IRISBUONO.COM #TERAPIAEPOESIA #di
LO-BUONO #dra.irisbuono poem
RAPIAEPOESIA @IRISBUONO @coachi
O.COM NAMORADEIRAS #dicadair
#dra.irisbuono poemas no
ESIA @IRISBUONO @coachingfal
NO.COM #TERAPIAEPOESIA #dicadairi
#dra.irisbuono poemas no
ESIA @IRISBUONO @coachingfalaremp
WW.IRISBUONO.COM IRISLO-BUONO #di
#dra.irisbuono poemas no
ESIA @IRISBUONO #dicadairi
@coachingfalarempublico #dra

Coordenação Editorial: May Parreira e Ferreira
Capa e Diagramação: Mariana Fazzeri
Ilustrações: Maria Iris Lo-Buono Moreira

Dados Internacionais de Catalogação na Publicação (CIP)
(eDOC BRASIL, Belo Horizonte / MG)

M838n   Moreira, Maria Iris Lo-Buono.
         Namoradeiras em terapia, poemas no divã /
         Maria Iris Lo-Buono Moreira. - São José dos Campos, SP:
         Ofício das Palavras, 2021.

             104 p.: il.; 14 x 21 cm
             ISBN 978-65-86892-10-9
             1. Literatura brasileira. 2. Poesia. I. Título.

         CDD B869.1

Ofício das Palavras - editora e estúdio literário

55 11 99976 2692 / 12 99715 1888
contato@oficiodaspalavras.com.br

⊙ @oficio_das_palavras
f @oficiodaspalavras

www.**oficiodaspalavras**.com.br

                          Título: Namoradeiras em Terapia - poemas no divã
                          Autor: Maria Iris Lo-Buono Moreira
                        Formato: 14x21
                          Papel: Pólen Bold 90g/m²
                         Fontes: Norquay, Aero Matics e Univers LT
                 1ª impressão: Inverno de 2021

NAMORADEIRAS EM TERAPIA

POEMAS NO DIVÃ

A AUTORA, DO DIVÃ

As namoradeiras de janela percorreram os beirais da quarentena de 2020, em busca de um gole de brisa, uma serenada que fosse, ou até um torrão de sol que despachasse a virulência daqueles dias pra longe das vistas, narinas e folhinhas do ano de 2021. Mas sobrou poeira não varrida no colo da gente. E aí? A pandemia foi ficando feito elástico velho cheio de nós, resistindo num residual indesejado, uma presença pouco flexível na vida das pessoas.

Incômodos emocionais estacionaram nas sessões (que eu atendia em *coaching* e psicoterapia), nas conversas por *zap* ou plataformas e falas de tantos, do mais de fora ao mais de dentro de meu convívio. Foi então que as namoradeiras, querendo botar reparo nas acontecências de janelas e telas, esquinas e travessas do mundo pediram arrego. Consultaram temporariamente o divã. Urge que se autocurem de uns pensamentos atravessados, de uns engasgos sem xarope.

Talvez você também.

Aos amigos que prefaciam, Márcio Almeida e Amanda Vargas, que descascam meus versos como quem saboreia uma fruta doce da estação e cujo deguste já contracapa com João Carlos Martins e Neuza Marsicano, profetizando a saração de nossos vazios, o meu bem-querer. E pela escuta acolhedora de Dayse Hespanhol. Amor nunca é demais.

Ao divã!

PREFÁCIO

JEITO DOMÉSTICO DE DIZER COISAS IMPORTANTES
Márcio Almeida - *Poeta, mestre em literatura, crítico*

O livro *Namoradeiras em Terapia - poemas no divã* tem por leitmotiv a experiência clínica com o trabalho poético. O poema "bota pra falar", diz a autora. Neste livro, Maria Iris tem um jeito "doméstico" de dizer as coisas com peculiaridade típica de Manoel de Barros, com construções líricas que envolvem não apenas sentimentos, mas atitudes poéticas de quem cava fundo em busca de novos sentidos para as palavras.

Assim, a escrita poética dá-se essencial para promover o estranhamento. Por isso, a necessidade de o leitor colocar-se num espaço poético de funcionamento da linguagem e de seu papel enquanto representação do real. A poeta elabora desenhos que são, conforme Chklovski, "a liberação do objeto do automatismo perceptivo", uma vez que presta-se o objeto a "dar a sensação do objeto como visão e não como reconhecimento" imediato. A poeta escreve como quem aposta no interdito a partir do sobressalto da surpresa das suas estratégias e de suas soluções estéticas.

A poesia de Maria Iris apresenta uma aparência de simplicidade, de "apologia do ínfimo", de diálogo em aberto, de "contraface do espontâneo", de "memória cultural", posicionamentos capazes de construir um contexto rico em significações plausíveis e surpreendentes.

A poeta não se volta para a metalinguagem, mas para a contingência da palavra que "terapeuta" o sujeito poético.

Nesta poesia, o saber da novidade está latente em antíteses, estranhezas, revelações expostas em definições, ressalvas, notas de rodapé, (sub) títulos, textos, numa erosão dos limites do signo realizada em afinidade com outros recursos como a "burla das convenções", a quebra do sério e do solene, as inversões da lógica familiar, o investimento no lúdico, tudo reunido numa espécie de "terapia literária" que expressa os mais fundos desejos.

Lembrança-panaceia: a "Casa da Vovó sara saudades" - "tia Lulita sofria de alegria comprida - [tinha] vocação pra prosa e broa"; tia Natália sofria de elegância caseira! e "nunca gastou sílaba à toa", ela que "bateu salto lá pra cozinha..."; tia Nininha [que] "sofria de intelectualidade" - reabilita minha ladinice - penteou meu texto e deu feitio aos meus cachos - rimou estrofe - puxou a mãe na ortografia."
A vó Catarina "sofria de bondades e escrivaninha

- (...) pouquinhava-se", ela, para quem "bastava a fartura da fé - de saia preta cheia de tempo". Tia Mariinha "sofria de madrinhamentos - não tinha competência pra descuido da meninança". Na memória viva, a casa da Vovó "ajardinhou-se - mudou pro céu" (...) o que dá na poeta "vontade de morar no antigamente", pelo que aprendeu "as manhas de regar canteiros".

A poeta revela que "no universo tudo versa, entorna, vaza, despeja, por isso ela "muda de canal, vira, reconfigura o boletim, bota escora [no] aprumo pra raiz pegar de novo..."

Em "Sismo, mas não abalo" a poeta entra por uma janela verde e compõe um quadro com um guepardo "relâmpago" com olhar de lince apurado, dança com "mandala felina em gingado de fera como um lobo-tigre."

Em "Des confiança" há um toque zen na linguagem: "alarme, se não toca, tem confiança (?) - parece fiel de balança - tem de calibrar."

Aliás, esta é uma característica de todo o conteúdo, tornando o livro vivificador de figuras de linguagem que é "tribuna de última instância". Outra característica poética é o feitio palavra-puxa-palavra - mas todas bem pensadas - em descrições as mais díspares, o que dá aos versos uma força expletiva peculiar: "lobo faz *fishing* - joga isca disfarçada (...)

rouba dado - identidade (...) atrai peixe iludido - junta peixe dominado - arrasta, enlaça - anexa - sutura bem a rede pra deixar emaranhar" ("Lobo mau virtual"). "Não é falta de plural - companhia pode até chegar avulsa - a matemática dividiu - extraiu - subtraiu - sobrou um resto singular..." ("Eu me extraviei").

Este tipo de construção poética, poder-se-ia indagar, se dá porque "o sujeito da frase anda egoísta - não larga mão da posição - não transita (...) - resta um estado de espantado - alarmado - intimidado."

Em "A(n)visou" antes a poeta "testa" a assadura do bolo que na "legalidade demora por necessidade" sob "vigílias" (...) pra legitimar receita."

Em seu "Apoteose" há um recital de arrebentação - [e que] explode em gorjeio repentista - paleta de primavera - espuma no mar - fruta madura em queda do pé." Seu desfecho é um dos melhores textos do livro: "A natureza é um repiquete no fôlego - assopra em rebuliço - algazarra - se eu, ainda nem botei carapuça - do trovão da fala de ontem - da quietude apartidária - do cadeado na boca franzida - quanto mais o dia fica, faíscas e fúrias engolem a noite - hiatos preenchem meus *zaps* - ventania, chuvarada à surdina - porque eu ainda não abri janela - mas eu vou!".

Depois vem, com a mesma força poética, a parte intitulada "EUforia" - "o eu está em festa rave - rendez-vous de aclamação fogueteiro - passeata de emoção." Se poesia é um naipe de sentimentos que despertam outros sentimentos na leitura de outrem, Maria Iris tem com seus poemas uma "tropa de prontidão."

A poeta comumente con-versa consigo mesma, com um modo de dizer de quem faz "rodopio volante", de "saia de baiana", "tudo junto, novo, antigo, mestiçagem, sobreposição", vencendo a pandemia e com uma convicção que "dá trabalho aprender", mas "bendita revisão."

Em "Previsão de tempo" prevalece a questão social de quem mora na rua, dedicado à população assistida pela SSVP. Em "Fé" o sujeito se entrega ao Verbo, confiante e sem pedir prova como garantia de sua sobrevivência.

Morto há 63 anos, padre Ananias era milagreiro em Oliveira (MG) e mereceu poema por sua receita de bem-viver. Se o objeto de ação necessita de um complemento, diz a autora, ele é carente. E estende sua reflexão: "Pode um oco ocupar espaço?" Eu me sinto assim, substantivada, preenchida de perdas - até que eu me esvazie, quebro a palavra..." Poeta oximoresca como Manoel de Barros. E que sofre "engasgo de vírgulas". Em "Xepa", uma conclusão lúcida: "O país tropical não acha vaga no hospital."

Sujeito e verbo em concordância levam à "vigilância" lúdica de palavras entre o sim e o talvez - o não e o ponto. Em "Doer-se" uma simples confissão doméstica bem forjada: "De que vale a morada - mesa repleta - internet graúda - roupa cansada de tanto cabide - sapato encalhado - amuado na caixa."

Em "Palmas pro divã" há um jogo no espelho das palavras, quando dilata-se o silêncio, quando pode "ser sede de ar e sol ou abstinência de fins de tarde." "Desafiando a alma conselheira - sopro de aragem calma - berço de braços fartos..." com direito a um arremate "profissional", terapêutico: "Só o divã me conquistou o direito de aborrecer-me à vontade."

Em "Aquele beijo que não pode colher - quer brincar de futuro com você..." joga lirismo no tempo e no espaço da razão vivencial. Bonito. Para dentro.

"Esperançar" traz o avesso da exasperação em função do triunfo da poesia. Exemplo: "essa desesperação noticiária vai me ouvir - sou âncora da fé desaparecida - colher de mel - leitinho morno - um som de blues bem-acabado - ponto de cruz no bordado..."

Mineiridade pura sem lacanagem. Num desfecho com a autora "coando o café" para brindar um livro gostoso de se ler.

DEDILHANDO AS CONTAS DE UM ROSÁRIO DE VIDAS

Amanda Vargas - *Atriz, ativista social e cultural*

Dedêia, é como eu a chamo por causa da irmandade.

De Maria, sacrossanta, à Iris, instigante diversidade de tons e nuances aquáticas, abissais, ou, na pele.

Pode ser doce, agridoce, salgada ou apimentada.

Depende do dia, da direção da bússola interior, da hora astral, se sol ou chuva no coração, se dor ou desejo, se dúvida ou desenvoltura.

Maria Iris preserva, em cada vírgula, o seu patrimônio histórico e salva o nosso.

Reforça a gratidão pelo ar de cada dia e imprime vitalidade nos afazeres comezinhos.

Se volta no tempo, intermitentemente, pra iluminar o futuro.

Carrega um baú de tesouros, que revira a todo momento, fazendo colagens, rebordados, juntando cacos aqui, palavras ditas lá, adivinhando com seu espírito mago, a tradução de olhares, silêncios, ausências e dedicações.

Busca recursos, abrangências, consertos em tecidos esgarçados, encontra a solução de enigmas e o desfazimento de nós.

Entoa uma enchente de sentidos, revirando aos avessos, abrindo todas as janelas imaginárias e muito, muito necessárias.

Seu poema é remédio, doutora.

Sua poesia é psicodrama que cura dor de viver.

Sem falso pudor, nunca a solução midiática ou o esperado porto seguro.

Antes o desvelo, o barco pequeno, fervoroso, singrando oceano adentro, fogueiras chispando labaredas na terra e no céu.

Você expõe a ferida fingindo delicadeza, falando baixinho que não vai doer, limpa com sabão de folhas curandeiras, pitadas de palavras-chás em ternura, e nutre afeto de cicatrização.

Maria Iris poetiza essencialidades pra sermos mais, buscar além, viver verdades, merecer o grande encontro.

É um conforto saber que temos uma brava escritora com este nível de plena consciência, que expõe seus ossos e o recôndito de sua alma pra afugentar nossos demônios.

Bravíssimo!

DEDICATÓRIA

Às emoções, sinais de pare ou siga.
Principalmente as que piscam em amarelo!
ou
Ao que incomoda ou lateja, pois pulsa
Procure por asas encolhidas

AGRADECIMENTO

Ao meu pai de nome curtinho, Hélio Moreira, que me ensinou ainda menina, que falar mais de uma língua me faria ter mais de uma alma. Tornei-me arquiteta das palavras. Acho que de tanto ir com ele passar visita em obras, dei de construir casas aquecidas de versos, amassar verbos e varrer letras até inventar um idioma.
Pronto pai. Consegui.

Otimismo!

Decante o predicado da frase.
Tem um caldo de esperança?
Adjetivos parecem caixa de lápis de cor?
Troque um verbo por outro até que ele seja transitivo.
Direto pedindo companhia.
Verbo que não fica sozinho espera mais da vida.

Foi assim que em 31/12/2020

VIRA, VIROU 2021

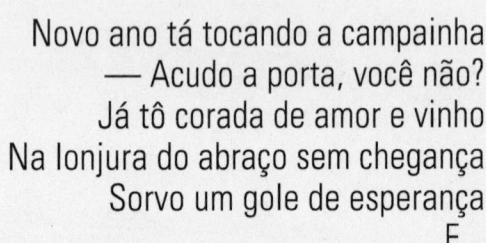

Vesti branco
A roupa não era nova, mas o ano pretendia
Batom passou a vez pra máscara rota
— Eu que não fico de sem-graceza!
Inaugurei brincos do aniversário de março
Perfume de noite borrifei
Grampos de brilho nos cabelos lavados
De saltos, na sala pisei

Novo ano tá tocando a campainha
— Acudo a porta, você não?
Já tô corada de amor e vinho
Na lonjura do abraço sem chegança
Sorvo um gole de esperança
E...

Desembrulhado e ainda assim
Descalço, desnudo e mesmo assim
Chegou o presente. Era pra mim!
Botei lugar à mesa

Sem floreiro ou vigor de expressão, segredou:
Larga mão de orfandade
Dê-me um nome arejado
Sou primeiro de janeiro
Atrás de mim um ano inteiro
Carregue a mão de abastança
No comando da folhinha
Deixe a hora demorar
Temperança revigora
Noite que fura-fila atropela dia
Sou primeiro de janeiro, todo seu

Plantão de amanhã tá agendado
Sol se vira, entra cedo
Até lá, muita estrela pra brilhar.

PODE SABER QUE É SEXTA

Chiadeira de caixote às cinco
Estala um cano zanzão, o outro escapa
Caminhão abarrotado, rua ao lado
Cada qual com seu trinado
Só a lona não diz palavra
Chega enrolada, meio apertada
Deve estar bem afetada com tanto sol na moleira, a coitada!
Ainda viro pro lado, acortinada
Sol não entra, me dá canja
Fico eu no faz-de-conta

(Faz que é afinação,
o feirante quando monta na calada a barraca.
Quer fazer barulho não)

Rumoreja miudinho na surdina
Ensaiando a cantoria que afina
Quando o sol pisar na primeira barraquinha
Pedir pastel, caldo de cana pra acordar
Aí não tem mais jeito de sonar:
— Olha o tomate, celebridade!
Alho, alecrim, hortelã!
Sou seu fã, leva e paga pra semana
Sem perrengue ou caderneta
Tá combinado. Só tem treta se o sorriso for negado!
Chiadeira de caixote às cinco? Pode saber que é sexta.

Olha o tomate!

Aceitação.

Faz chamada. Junta as partes choramingas.
Acuidade de comando pede escuta
BOTA PRA FALAR
Emoção muda faz barulho surdo
Música boa tem que ter combinação
Nota alta, nota baixa
Coesão

15/01/2021

COMO ASSIM, MAIS?

Visita assentou
Nem vassoura atrás da porta espana
Tô nesse esperadouro, filme de suspense
Se eu saio, me regulam
bicho pega, bicho come
Se eu fico, me desleixam
Ganho nada, como pouco

Se visita é morador, CEP mudou
Puxa cadeira, puxa conversa
Tem recado nessa cepa, tem carência de lição
Lançou véu e fez penumbra?
Sempre há um acendedor
Deve estar atrás da porta, onde a voz muda calou

Tem barulho na cabeça
Zumbideira, marimbondo
O deslembro de aceite
Vem de fora, é invasor
A porteira é batedeira.
(Vou travar, vou ver se dá)

Mira em volta
Um silêncio se apressa tartaruga
Quer roçar, semeadura
Leva tempo pra colher e mais tempo pra comer

Vai ser doce se tu regas
Água fresca bem dosada, vagareza
Tem reforma trasmudada na certeza
Agora ou nunca tá de folga, foi dormir
E a visita que sentou...
Não quer ir?

Conversa MAIS.

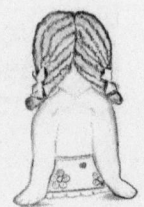

A "CASA DA VOVÓ"...

(Imagem - arquivo de família)

...SARA SAUDADES

Vesperata de vozes me deixam variando
E o tempo passeia em rotação lenta
Uma roleta de gente desapressa o giro
De gente minha. São elas.

Um rosto me desembaça
É tia Lulita, que sofria de alegria comprida
Cascava laranja na ponta da mesa
Com vocação pra prosa e broa, risava
Purpurinava outra vez minha tarde
E um cheiro de tinta de tecido me pincela
Devagarinhando, esfumaçou uma flor...

Outra face estaciona-me
Vem tia Natália, que sofria de elegância caseira
Não tardou pra zangar um atraso
E sem desperdício de palavras, remedei-a:
— Eu não vou falar nada (já falando)
Nunca gastou sílabas à toa
Emprumadinha, bateu salto alto lá pra cozinha...

Gira-gira e tia Nininha que sofria de intelectualidades
Reabilita minha ladinice
Com ela, gastei lápis até o toco
Ganhei ardência de letras

Versifiquei

Penteou meu texto e deu feitio aos meus cachos
Rimou estrofe, puxou a mãe na ortografia

A Vó Catarina, que sofria de bondades e escrivaninha
Estava no quarto de fora, apontando
Cartões de adoração, braços abertos
Pouquinhava-se.
Bastava a fartura de fé.
De saia preta cheia de tempo, ajoelhou-se
Rezar pro Pai do Céu brotou-me no repente

A última aparição tinha pé de fada
Chegou tia Mariinha, que sofria de madrinhamentos
Não tinha competência pra descuido
Abriu janela de batuta na voz:
— Hora do banho, meninança!
Não quero ir, tá bom brincar.
Alguém pode deixar o tempo quietar?

Meu coração bate em chuva lisa
Teimosia de terra fértil é derrame de florada
A "Casa da Vovó" ajardinhou-se
Mudou pro Céu
Vontade de desobedecer essa lembrança
E morar no antigamente

Mas aprendi as manhas de regar canteiros

ABALO

SE BACIA D'ÁGUA DERRAMOU
TERRA TREMEU OU CARREGADOR SAIU DO EIXO
PRA FAZER PRUMO VOLTAR
ROCHA TEM QUE ACOMODAR

31/01/2021

ESTOUVAMENTO

Vírus varre Terra
Repouso, domingo, rotina relou
Faz desfeita à terremoto
A ladrão que arromba porta
Tsunami é fichinha
Quando chego, Inês é morta

No Universo tudo versa
Entorna, vaza, despeja
Casa cai, telhado voa
Dinheiro e prata volta e meia
Fura bolso, fura vida
Onda alta vergalhão ensopa a vila
Entorta a linha, fado, sina
Filme velho, eu já vi!

Então, muda o canal
Cata o prato da balança
Vira, gira, rodopia
Reconfigura o boletim
Bota escora pro aprumo
Pra raiz pegar de novo, afofa a terra e espera

Destempero pede trégua.

Regar vaso de flor com jato de mangueira, presta não.

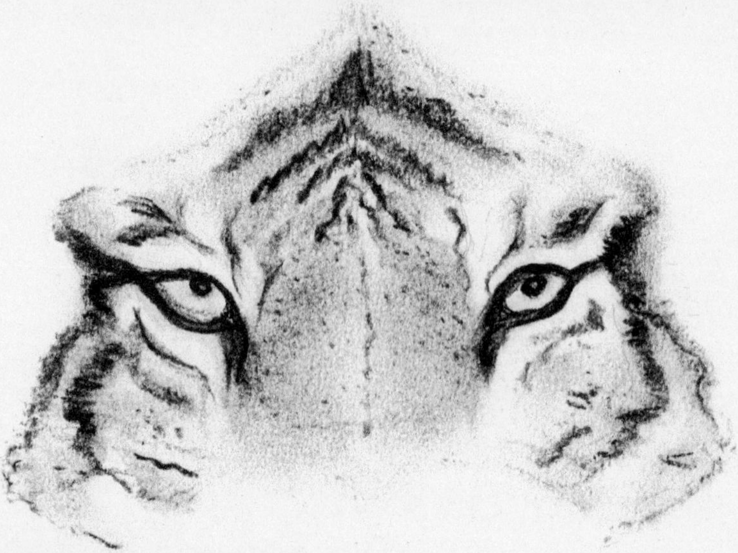

SISMO, MAS NÃO ABALO

Entrei pela janela verde
Eram duas, lado a lado
Risonhas, fluidas
Segredos etéreos violados
Sem cadeado.
Era um guepardo relâmpago
De um trote rasgado
Olhar de lince apurado
Flecha sem breque
Pupilas acesas.
Dancei mandala felina
Afiei gingado de fera
Rugiu, o pelo dourado
Lobo-tigre sedento
Espigado.
Chuleio de bocas
Tumulto
Banzé de algemas
Tufão
Guepardo indomado
Rebate fronteiras. Rebate, re-bate.
Não procurei pela porta...
... importa?

Des confiança

Alarme
se aciona, olha em volta
se não toca, tem fiança (?)
Parece fiel de balança. Tem que calibrar

01/02/2021

BARBA DE MOLHO

Esse desmaio de ida
Curteza de espaço
Hesito o compasso
Assombramento de alma (mas não é penada,
é de gente cara lavada)

Ando tão desconfiado do reinado
Bruxa é fada no condado
Notícia chega amassada
Nem escolta é segureza
Quixotada espalha-brasa
Desatino de encomenda
E tem gente repassando sem medir tamanho do salto

Se o terreno já sondou
Temeridade perde trono
Só afunda em movediça
Quem hesita na prudência
Nervosidade perde o turno
Descora o pela-medo,
mas...
Amarra guizo no pescoço do gato

**Pra malícia zombeteira, mordedura na verdade...
desconfia mesmo.**

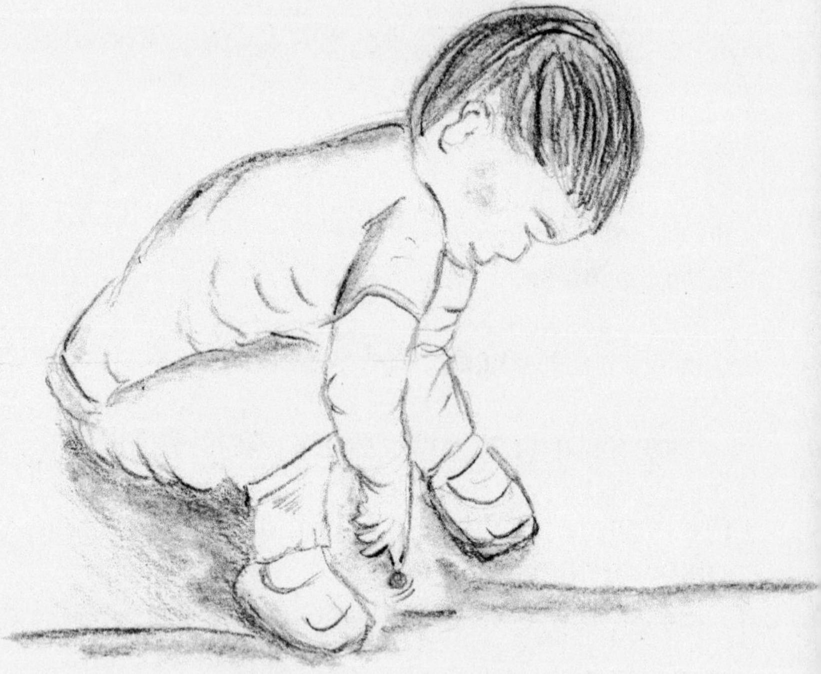

TÁ CONSAGRADO

Pastel de vento
Mentirinha
Todo mundo sabia, carne não tinha

Tatuzinho de jardim
Mãozinha
De criança, protegia a tal bolinha

Comida de mãe
Acarinha
Até quem desconfia de sua cozinha

Pastel de vento não deixa traço de hesitação
Tatu se enrola feito bola, proteção
Mãe com certeza se antevê
Intuitiva, confia na largueza
Faz fé, evidencia
Como sol do meio-dia arde claro de cadeira
Mãe-videira nutre régia
É remendeira!
Se precisar apelar, cate uma mãe
Ela é tribuna de última instância

Vulnerabilidade

Estar exposto. Quem não?
Queimou de sol, gripou de chuva
Chorou de amor e de dor
E não tomou anestesia.
Vingou

02/02/2021

LOBO MAU VIRTUAL

Lobo mau anda sem fôlego
Palha, nem pau faz voar
Da chaminé desviou
Foi pra rede pescar

Saudades que eu tinha de trancar portas, gradear
Ligar alarme, cercar muro
Um Pai-Nosso rezar
Lobo mau assombrava rua
Um descuido e ele entrava
Mas saia algemado, se polícia ali passava

        Agora não
        Lobo faz *fishing*
        Joga isca disfarçada
        Arrombar casa faz barulho. Descartou.
        Rouba dado, identidade, segurança
        Atrai peixe iludido
        Junta peixe dominado
        Arrasta, enlaça, anexa
        Sutura bem a rede pra deixar emaranhar

Tem caroço nesse angu
Tô bem desconfiada
que lobo mau pegou Covid
e perdeu discernimento

A c o r d a!
Anestesia passou.

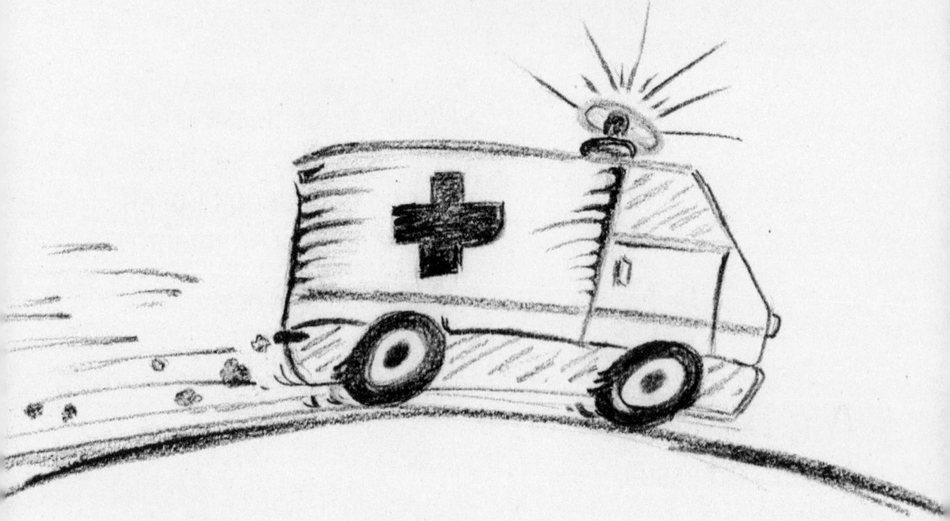

NA CONTRAMÃO

Ela saiu apitando...
Voada, costura.
Corredor de livre passe ganhou
Vi carro em doença de São Guido
Remelexo, arrocho, arguição
                E eu lá, só no tchauzinho...
Subiu canteiro, cantou pneu, solavanco
E ela apitando...
Alada, dispara.
Vira-olho na calçada em benzeção
Vi um vai-com-Deus naquela mão
Misericórdia, piedade, apelação
                E eu lá, só no tchauzinho...
Tirou casquinha e atravessou
Minutos de consonância
Pedia eu na ambulância
Correr sem lei pra me salvar
Ria muito de pensar que um dia
Quisera eu nunca estar motorista
Acoitado pela atrevida que miserava o meu lugar
Agora, passei voado ladinho de casa
Olhei pra fora esperançado que alguém meu
Da janela sonhasse me acenar
                E eu lá, só apitando
                E ela, só no tchauzinho...

(Chegaram bem no hospital, não foi assim, pai? 2004)

Solidão

```
à parte,
     de sem pa re lha do
          (uma orfandade?)

A tomada afrouxou
Fio soltou
Dá bug, MAS TEM JEITO!
```

04/02/2021

EU ME EXTRAVIEI

Minha sala tá vazia
Sacristia
Só eu e Deus
Estamos. Ainda não me explico.

A mesa apinha comida
Colmeia
Eu e ela
Sentamo-nos. Ainda não faz coro.

Na cama, almofada acotovela
Garupa
Eu, talvez ele
Adormecemos. Um par à sós

                      (Tem gente aqui, mas eu não tô)

Não é falta de plural
Companhia pode até chegar avulsa
A matemática dividiu
Extraiu raiz
Subtraiu
Sobrou um resto singular

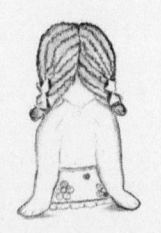

O conjunto tá vazio, tá pedindo unidade
Tá faltando etiqueta de legitimidade
Tá faltando você dentro
Saiu de casa? Recenseamento?

Do
    bra a esquina e vol
                          ta!

Virei fração. Pra desvirar inteiro, só na adição!
A matemática deu pra me faltar.

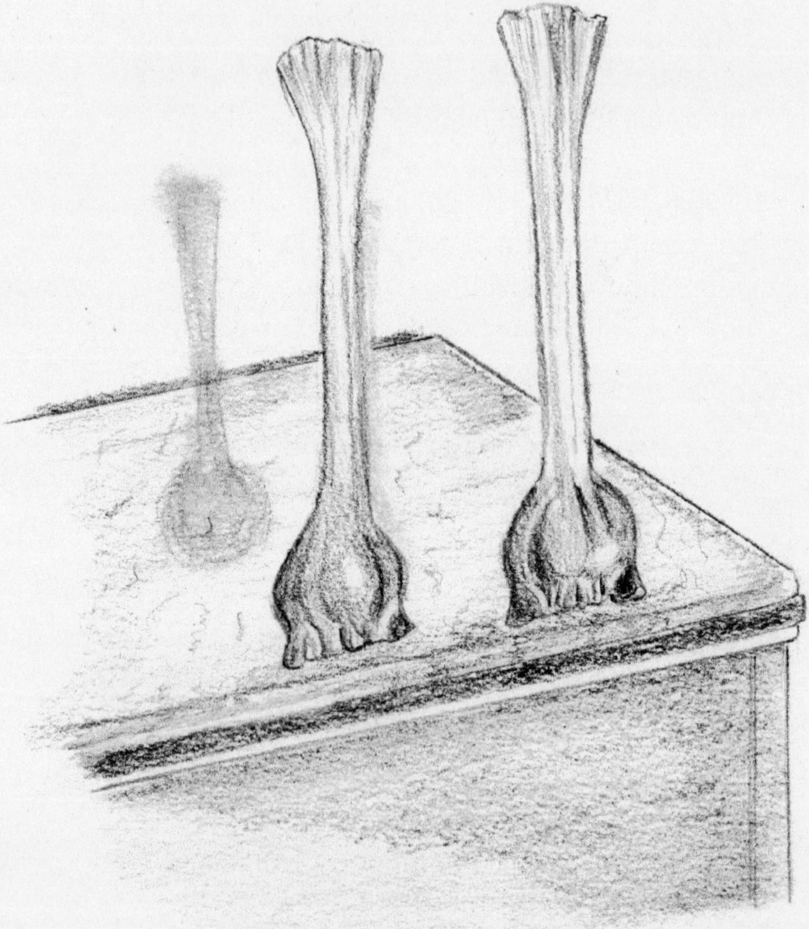

PARIDADE DE BERÇO

Um par esguio de jarras cor de fogo é
Arquivo casto de caules fantasmas
Lascas de um tempo que já vai longe
Na parelha-finca-pé-vida-afora
Acostelar virou costume
Sozinhez em coro, parceria
Palafitas de flor de altar, irmandade
Enfeitam hoje minha sala, harmonia

Um par esguio de jarras cor de fogo não
Anda de braços dados, permanece
Cristal pomposo, pele luzidia
Duplica olhares em escolta
Traz de volta a discussão
Quem nasce estacionário não badala solitude
Figura e fundo, emparelhados
Só trabalham em dobradura

Impartíveis, esses jarros
O descasamento extraviou?
Na minha arrumação, já tentei o desconjunto
Fragmentei a união
Quem sou eu pra deitar separação!
Teve jeito pra orfandade, não
Desolado um vaso ficou.
Ou seria eu?

ESTARRECIMENTO

O SUJEITO DA FRASE ANDA EGOÍSTA
NÃO LARGA MÃO DA POSIÇÃO
NÃO TRANSITA
PASSA NADA PRA CÁ NÃO
RESTA UM ESTADO DE ADO
                              ESPANTADO
                              A L A R M A D O
                              INTIMIDADO

05/02/2021

A(N)VISOU ANTES

Veio de cima a rabanada:
— Encurta, agiliza, passa a régua
Pra razões sem compostura. Sacudidura!
— Enquadra e faz caber, Sem trégua
Aprovação!

Cá de fora, efervescência:
— Cheiro quente de bolo não põe mesa
Bolo no forno cresceu. Será que assou?
Se abrir antes da cora, afunda
Se passa da hora, queima
Cabriola na receita, marafunda!
Bolo na legalidade demora por necessidade.
Tem vigília, tem medida
Tem cartilha pra rezar
Pra legitimar receita
A prova tem que agradar
Não me peça pr´aumentar temperatura
Cambalhota, pirueta
Entrego bolo assado por inteiro
Meu cuidado é verdadeiro.

E AGORA,

                         DE QUE

                                               LADO?

Aquela tarde de TV e você na afobação
Pipoca de casa queimou, batata sapecou
Lembra?
Faltou regular chama.
Pipoca tem que pular, batata tem que chiar!

Aquela tarde no cinema e você mofou de boa
Pipoca cheirosinha ou batata drive-thru
À toa?
Tirou selfie, sorrisinho, bem na fila, xô queixume
Aguardou a sua vez, como era de costume

Repeteco pede bis, quando tem validação
A(n)visa lá que tem caução!
R e l a x a.

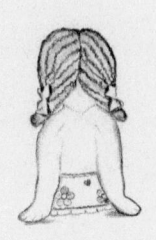

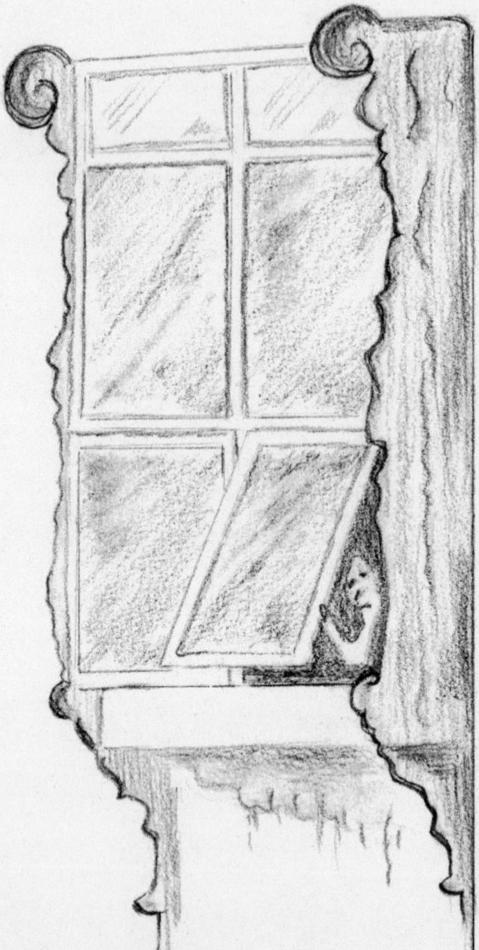

APOTEOSE

A natureza é um recital de arrebentação
Explode em gorjeio repentista
Paleta de primavera
Espuma no mar
Fruta madura em queda do pé
    E eu ainda nem amanheci...
Quanto mais gira o sol, terras e montes
Matizes esmaltam meus cliques
Pintas, estrias e malhas, estamparia
    E eu ainda coando café...

A natureza é um repiquete no fôlego
Assopra em rebuliço, algazarra
    Se eu ainda nem botei carapuça
    Do trovão da fala de ontem
    Da quietude apartidária
    Do cadeado na boca franzida
Quanto mais o dia fica,
Faíscas e fúrias engolem a noite
Hiatos preenchem meus zaps
Ventania, chuvarada à surdina
    Porque eu ainda não abri janela. Mas eu vou!

EUforia

Deu um grau! Aiiiiiii!

O eu está em festa
rave de uma brevidade
exageradamente boa

Rendez-vous de aclamação

Fogueteiro

Passeata de emoção

09/02/2021

EU DISSE SIM

Minha vez anunciada
Dia vermelho na folhinha
Bicicleta de Natal
Picolé antes do almoço
Coração em alvoroço

Bate que bate que bate
Cartão do SUS, identidade
Nunca falei tão alto minha idade!

Senha 51 foi a última coisa que ouvi
Seringa pronta pousou pra mim
Olhei pra câmera num salve hosana
Sétimo céu, água de rosa
Primeira dose jubilosa
Meu braço é seu, lisonjeado
Quartel inteiro avisado
Tropa tá de prontidão
Em terreno de alegria, vírus vinga não

Vi daqui seu turbilhão enchendo os olhos
Nem sentiu a agulhada, a voz roubada
Pra sonhar sonhos de ouro
Fincou fundo, a seringa esvaziou
injetou seu quinhão de esperança
Vazou mar de alívio, desanuviou
Inundação de poente sem vestes de noite
Descansou do medo morador.

Vi secura no temor de tanta gente
A vacina é segura, escrupulosa
Quem derruba tá lá fora lamentando

Aí dentro, tem soldado trabalhando
Tem sistema carimbando imunidade e alforria
Liberdade... ainda que tardia!

Pra não sair no adiantado, considera a demorança
Tem gente igual farinha na fileira
Mascara a face, não a vida alheia!
Há espera alvissareira no enquanto
E até que todos derramem claridade
Seu despranto não põe sombra, é protetor.

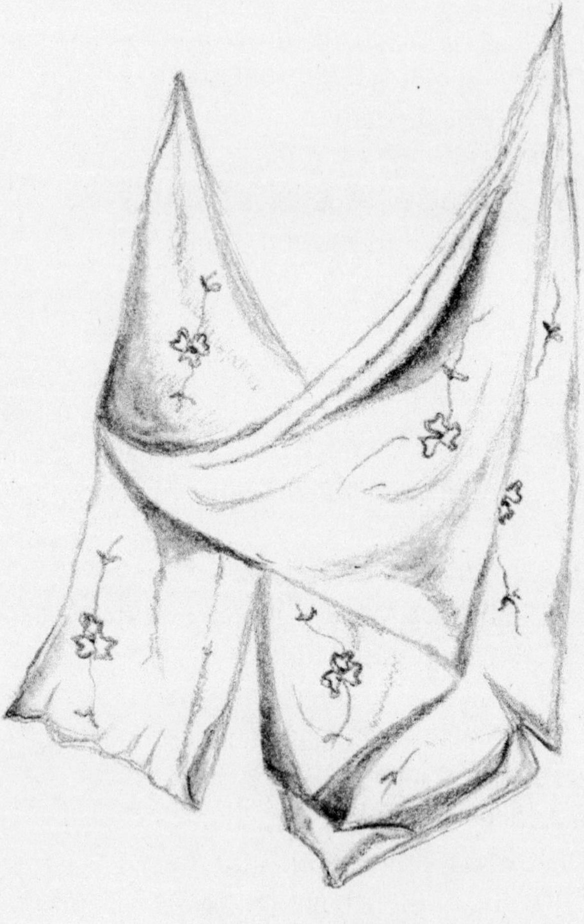

MESA FOLIONA E EU TAMBÉM

Flor na cabeça e
Montei mesa azul na ponta do dia
Confeitei a dita de louças bairristas
Hoje, mais alegóricas e despreocupadas
Serpenteando a toalha avenida
Pra mais um dia. De carnaval!

Top de renda e
Guardanapo assanhado, revolto
Só na competência, investidura
Rodopio volante, saia de baiana
Desvario de cores, tontura
Segunda-feira ainda. De carnaval!

Brinco de argola e
Copos de pé. Misturei geral
Tô querendo tudo junto
Novo, antigo, mestiçagem
Sobreposição
Como um dia, o carnaval foi...

Desfilei comidoria, nem pensei em caloria
Olha o pastelão aí... gulodice, ambrosia
Esse almoço-ajantarado mais parece saideira
Tá raiando a terça-feira
Colombina não desfaz a fantasia
Apoteose já faz frente à comissão
Nota dez na alegria, evolução!
Ano vindouro mudo o enredo pra ganhar bloco na rua:
"Virei vírus pro avesso, venci a pandemia!"

Caridade

Ele quis tanto
Ele quis muito
Foi aí que o sujeito desenhou seu predicado
João estendeu a mão para Maria
Voltou com a MÃO CHEIA

11/03/21

SABATINEIRA

Fiz tratado de amor na primeira edição do dia
Abri agenda, saudação, linguarice
Acordei de ontem
Quero ver de que lado sopra o vento
Tomar pulso
Não mais estágio, ensaio, ensejo
Lancei um véu na discrepância:
— Ou me amo sem cizânia
Bate-boca, implicância
Ou volto ao pré-primário
Tô de recuperação!

Dá trabalho aprender. Bendita revisão
Amor que se acha é vaidoso
Vem fragmentado, oportunista
Faz campanha de oposição
Não é amor, é tortura
Pra saber se gabaritou
Terá amado se tiver doado a hora que não tem.

Diga aí, como se deu o tal tratado
Gastou bom palavreado ou ficou de enrolação?

Prova oral, convite aceito
O amor subiu tribuna
Despregou voz
E de improviso me olhou desapegado
Dois dedos de prosa e eu já sabia:
— Coração é que nem relojoeiro
Acerta o ponteiro da hora, que parou de susto
Acerta o ponteiro minuto, que jazia exausto
Ausculta
Ausculta
        Tem hora que a gente não vê passar
        A hora está sempre certa
        A gente que atrasa

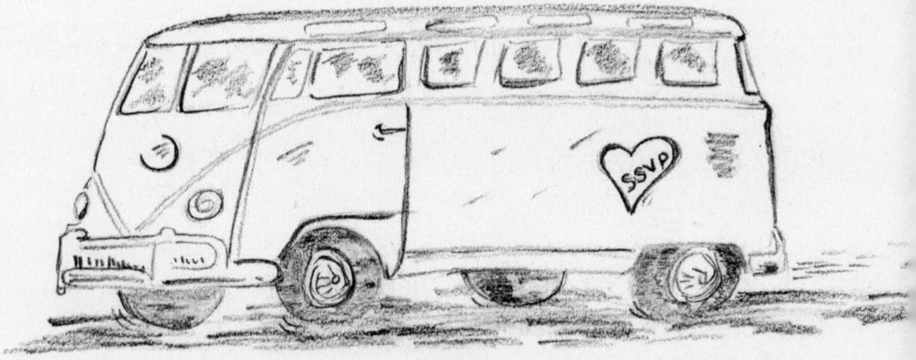
SSVP

PREVISÃO DE TEMPO

À noite, o calor se perde rapidamente
Céu sem nuvem
Cama sem véu
Esfriamento
Só um sicrano em beirada de rua não dorme

De dia, o calor aumenta rapidamente
Céu sem nuvem
Comida, café e véu
Acolhimento
Apenas a beirada de rua acorda fria.
Menos Maria.

Uma brisa passou de Kombi na madrugada. SSVP.
A previsão é de mais amor!

(Aos que fazem sol na noite de tantos. Aos Vandinhos e Betes)

FÉ

EM ABSTINÊNCIA DE DÚVIDA
O SUJEITO SE ENTREGA AO VERBO
NÃO PEDE PROVA
SÓ CONFIA

15/03/21

A VIDA NO PREGO

A campainha da porta agora é vice
Transferiu mandato. Celular é quem grita, assustado
Tem pedido esgarçado
De repetência
Zap povoado de clemência
Por orações
Alguém pra fazer vigília,
Tripular Ave-Maria?
Quem sabe um porta-colo salva.

Ando encharcada de choro
Tinha-me saturado dessa manga d'água
Vento leve represado não brisa
Cadê o rodo?

Já viu tormenta sem despejo?
Água pinga e maruja descambada
O guarda-chuvas do grupo inunda
A pradaria cospe lama, poreja
Golfa, entorna até esverdinhar

Tem pedido que só amigo cabrita
Recorre, contorna, destrança
E mais alcança quando junto
E mais se junta quando nada
É promessa ou certeza
Empenhamento é riqueza, minha cara
Não há recusa
Só fé.

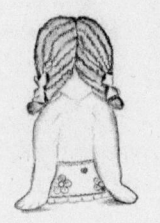

VOU DE MELHOR A MELHOR

Padre Ananias não conheci, mas em mim ficou
Vitaminava-se de verdes e outras cores
Saladas e frutas no pé, ouvi dizer
Remédio não tomava e nem eu

Desassustado de doença
Depurava pensamentos
Espinheira e carrapicho aparava
Que erva-daninha ali ousava?

Assombramento não tinha, roçava excesso
Havia conquistado o direito de aborrecer-se do muito
Vou de melhor a melhor, professo!
Sugestionava saúde e mais saúde
Espatifava quebranto

A resfriado não era chegado
Abatimento, ora essa, fava contada
Quem dirá enfermidade demorada
Dessas que nem conta de luz paga

E a cama ainda posta desalinhada
Eu criança, ouvia falar das bochechas
rosadas que moravam nele
Dos passarinhos que tardavam o pio
Quando rezava o padre Ananias
Fervor à Virgem Maria

Calmaria. Deu-se a troca.
 Ela estampou-se em face e
camadas de véu de madeira
Na cabeceira da cama, em Oliveira
E ele, no céu!

Carência

Se o verbo necessita de um complemento, ele é carente.
O sujeito, às vezes, e agora muito, anda num desprovimento tal,
que Maria deseja um tantito só...
de antes.

24/03/21

PRORROGAÇÃO

Eu desejo
Tu desejas
Ele também
Paris, Pacaembu, Praia Grande
Gente esparramada, esbarrão
Fila comprida, bilhete na mão
Metro quadrado invadido, coabitação
Tudo adiado, amiga!

— Tô anêmica dessa vontade
De querer vizinho parede e meia entestado
Porta com porta e fita adesiva
No tamborete da cozinha
— Mais um café, se apresse não!
Conta da vida, da comadre e de João
De silêncio, já definhei
Tenho um balaio de palavras pra gastar
Querendo espichar perna, puxo o sofá
Um litro d'água
Estico a mão
A lua é fria, a sala não.

Profilaxia pra despovoamento em delonga
É aproveitar a debandada
Carrega a mão na gentileza
Passa logo um café fresco
E vai pra sala de estar
Pois lá, o encontro é contigo!

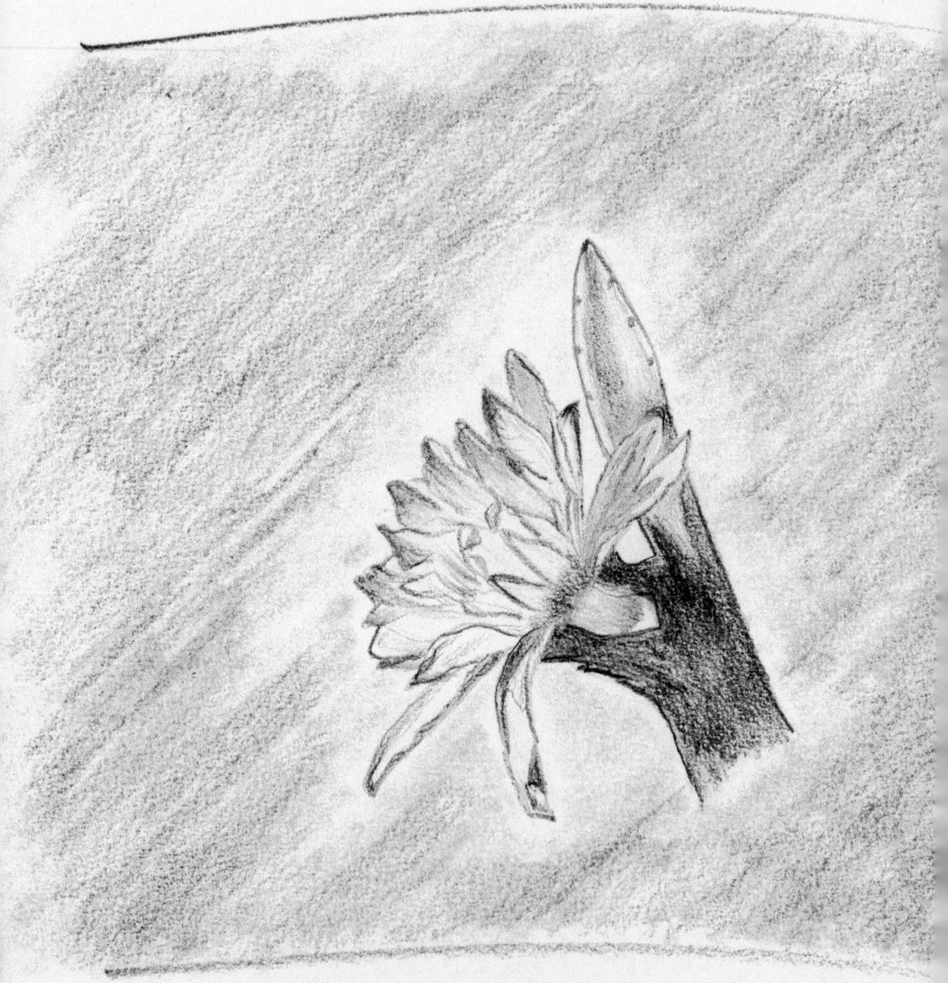

ABUNDÂNCIA

O pensamento raspava o olho daqui e dali
Da janela, não se atrevia longe
Talvez recebesse ele dela outras intimidades
Uma cauda de cerração já se miserava no correr do dia
A piscina vazia
E ele na espera
Onde estaria a linda corola de botões nascentes?
A bruma anda enciumada, talvez carente
Cobre de veludo cinza a flor agreste
Cerrou-se a clorofila, o douramento

— Ah, janela-flor, exclama o gajo
Tu não vens mais que um dia
Tonta miragem, abastança
Mais que a tua exuberância, fugidia
Pétala tenra de costas pro céu
A vivacidade é sôfrega, olhar oblíquo
Esqueço o sol coado nos frangalhos de nuvem
Outro quadro desenha-se adocicado
Disfarço a indiscrição, riso fresco
Sou pego flagrado, o véu caiu
A flor do meu vaso sorriu
E não estava lá fora!

Tristeza

Pode um oco ocupar espaço?
Eu me sinto assim, substantivada.
Preenchida de perdas
Até que eu me esvazie, quebro a palavra
Para não carregar peso
Ficar triste eu aceito, escava, mas passa.
Tristeza não. Habita.

27/03/21

MANOBRA

Nessa tarde mole onde o calor é dormente
Troveja muito
Dispara alarme e o vento não varre
A tristeza da gente
As contorções do arvoredo ainda com medo
Da melancolia das pedras da calçada não pisada

Nessa tarde velha, reprise de ontem
Azulejo um pouco
Desisto desse cinza arrepiado poindo
A esperança da gente
A listinha de afazeres sem visto de ida
Da gastança de horas do solado bem surrado

Eu ainda pelo meio, ando
Engasgo de vírgulas, mas
Eu ainda manobro, pois
Quero ler essa história até o final.

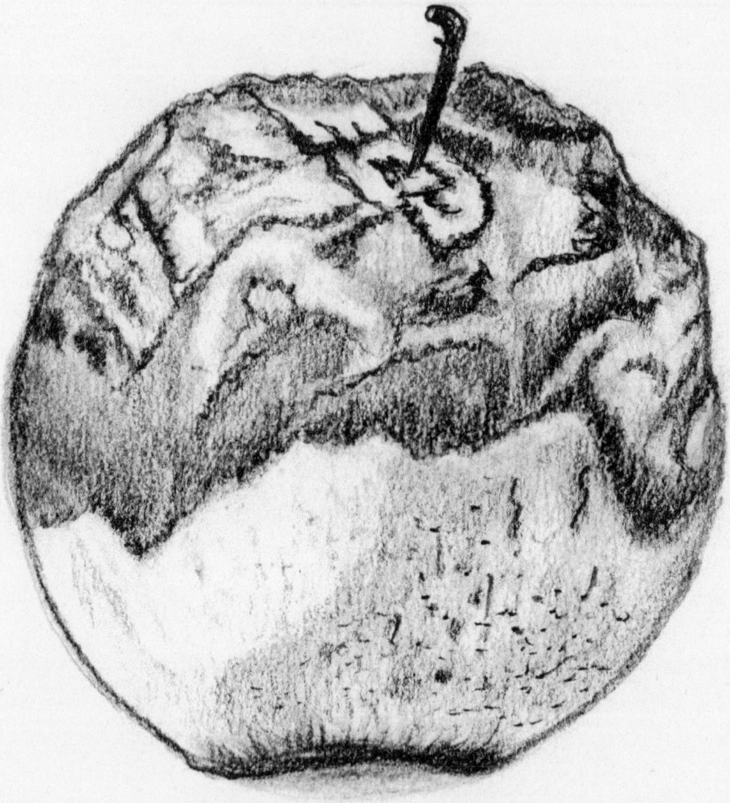

XEPA

Tá tudo muito invertido
Não é mensagem cifrada
Acendeu a luz amarela
Desmanche
Inflação flagrante
Já vi isso antes?
Fruta amassou, verdura murchou.

O país tropical não acha vaga no hospital

Conciliação

Sujeito e verbo em concordância
Um quer pluralizar, vem o outro e coletiva
Ajuste verbal
Na maioria das vezes, harmoniza

01/04/21

VIGILÂNCIA

De tempos em tempos, o conjugado pede revisão
A live e a life
O expresso e o implícito
O finito e o revolto

O sim e o talvez
O não e o ponto. Ou não por ora
Intercessão

Se é passado, olhai de novo

Saiu pela porta chaveada,
Ou abrigado na traseira?

Assombração sabe pra quem aparece
Só assombra quem medo tem
Mais receio ela faz de conversar com alguém

Vai correr do espelho e de barulho
De luz e janela aberta
De morador que fica alerta
E olha de frente

Agora...
Morador escondido atrás da porta,
também vira assombração!

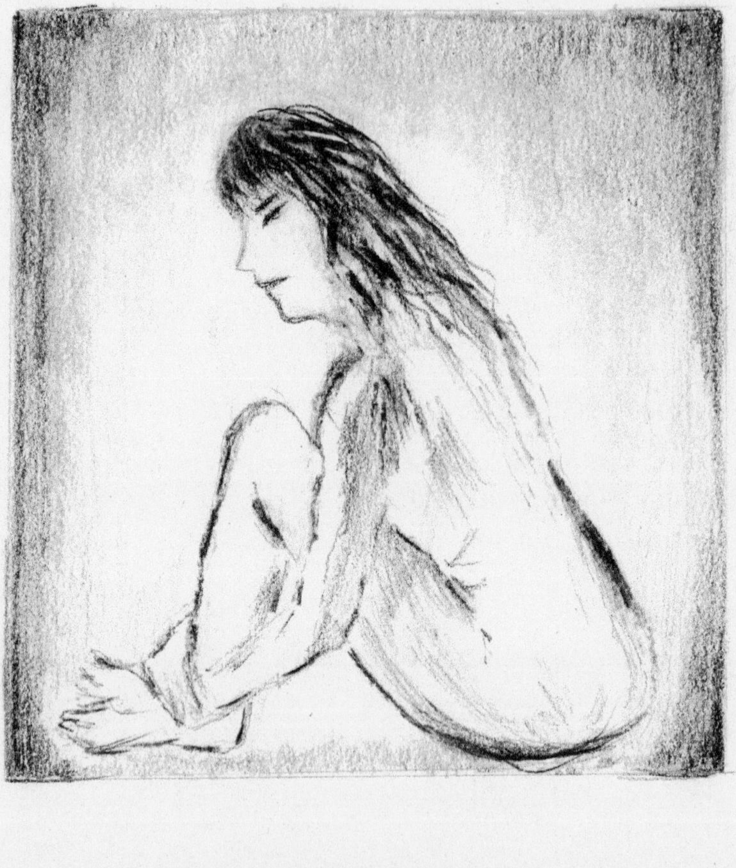

VENTOS CONTRÁRIOS

Estava muito apertado
O espaço, a palavra, o dinheiro, a ideia, a rotina
Nem uma varanda de tempo a mais
Um bule de café pra tomar só, até fumaça acabar

Um espicho no sofá com assento frio,
livre de visita de gente Insolente

Aquele esguicho de conversa gastando orelha
E ainda dividir a feira?
Foi ficando insuportável
Ar carregado, constipado

Não se respirava mais que dormência

Liguei ventilador amortecida de limo
Como farofa na reta, tudo espalhou
O espaço, a palavra, o dinheiro, a ideia, a rotina
Viração
Catamos no chão a nova versão
A ideia de rotina agora trazia espaço pr'uma pressa
menos nervosa
Um espaço que não abafe a vida
Uma saudade de amor
E não tinha nada a ver com dinheiro

Renunciamos à profunda distração com uma
quebradeira de beijos

Compaixão

Quando o sujeito deixa a frase para ampliar o olhar
E começa a ajudar afora qualquer complemento
A dor do outro se torna verbo

08/04/21

DOER-SE

Caída em profunda distração, eu.
Temporadas um, dois e três,
Novelas e plays de animação
Amarrotaram o controle da TV.
Aquela imobilidade não me demora mais!

De que vale a moradia
Mesa repleta, internet graúda
Roupa cansada de tanto cabide
Sapato encalhado, amuado na caixa

Não quero escusa, absolvição
Puxei pra mim o sem de alguém
O sem coisa alguma
Sem pão, paz, privilégio
Puxei pra mim a dor sem greve
A falta de compaixão não prescreve
Deixe que raive o desamor
Puxei pra mim.

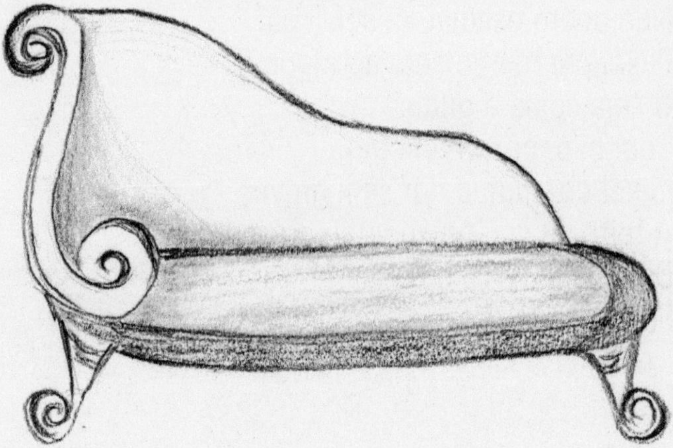

PALMAS PRO DIVÃ

As almofadas empilhavam-se montanhosas
E o divã nem reclamou minha ausência
Sobre o gaveteiro, meu retrato
Ainda assim, deu-se a sessão

O divã, de soslaio, me achou pálida
Fitou minha tez polida
Embriagada de vidro e metal
Por prudência, dilatou-se o silêncio:
— Podia ser sede de ar e sol ou abstinência de fins de tarde!
E foi desfiando a alma conselheira
Sopro de aragem calma
Berço de braços fartos
Um metro e meio de bajulice
Meu divã me dando quartel

Sobre a puída descrença do tapete
Saí do apertamento de carranca
A temperatura estava macia
De cá, senti.
Aproveito para deitar-me de bruços
Quem passar, não me verá

Só o divã me conquistou o direito
de aborrecer-me à vontade.

ANSIEDADE

Coração pagando pecado

Um puxa-fôlego mesmo no raso

Purgando de antevéspera
até o dia de amanhã
Será que passa?

15/04/21

FULO DE PRESSA

Já sei no que vai dar
Melhor não contar com o ovo
Meus olhos são líquidos, vermelhos
Sapatos rasos pra lá e pra cá
O último sorriso não esperou café coar
Queria pensar verde, esmeraldar
E o doutor me pedindo pra respirar
— Inspira e expira, devagar;

Como parar esse fole desembestado?
O céu nesse vexame de azul aguado
Previsão de sol encardido, safado de quente
Feriado com estrada entupida de gente
Não tem
Espio a hora pra ver se passa
O ponteiro adormeceu ou tá de zanga
Nem solavanco de caminhão empurra
A vida
O sonho
A razão
Cadê meu dia seguinte que nunca...

Aquele beijo que não pode colher
Quer brincar de futuro com você
Chicotinho queimado! Conte os passos
Devora chão quem não quer beijo bão
Deixe que o sol se ponha descansado
Desenfastia esse adeus ao dia!

Aquele beijo que não te encontrou
Deve estar em alguma sombra doce
Te aguardando em reticências
Se a vida morde o sonho
Desinfeta com arnica e espera
Outra razão pra viver prospera!

Agora, nem tudo é vagareza:
— Beijo furtado tem efeito colateral
Envelopa a tristeza
Desengripa entojo
Não pede razão.

Esse, não espera mesmo o dia seguinte.

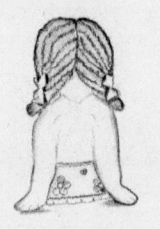

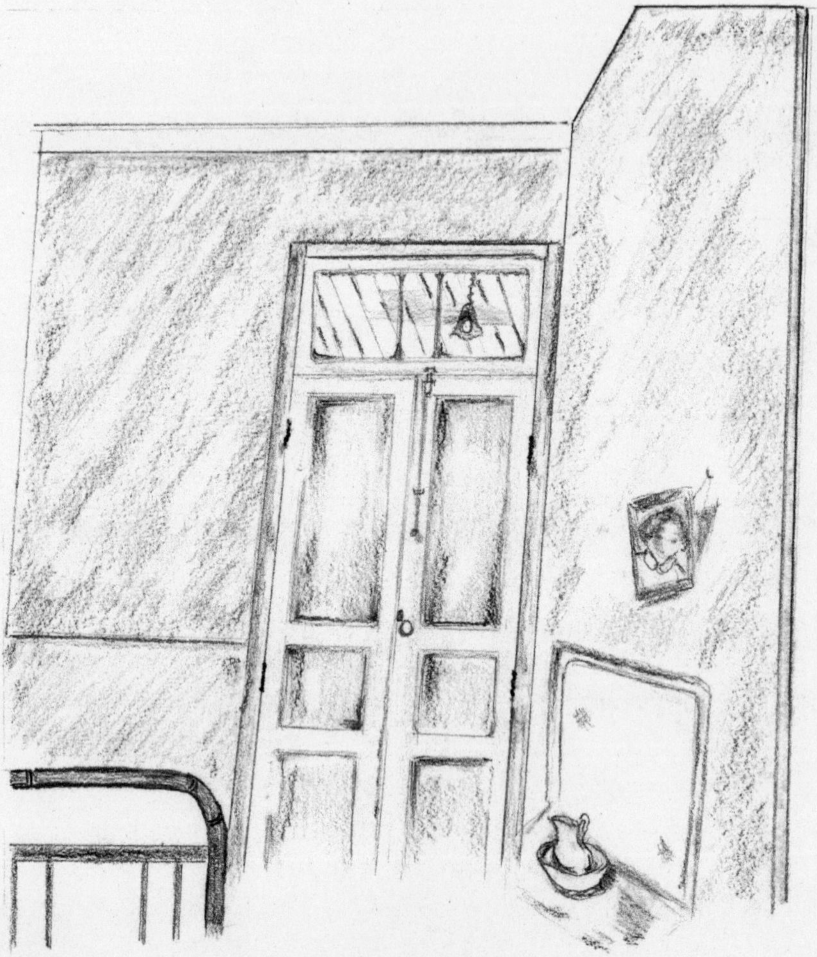

DE BUTUCA

As duas bandas da porta amarela fechadas
O buraco da fechadura, não
Eu e Zé ali espiando, espiando
Criança chuta o sono até fazer vergão
O Zé dormiria ali, no quarto de toalete
Traquineiro, ensaiou encenação
— Revezamento! Hoje é noite de Natal
Se ele chegar, não tem escapadela
Eu puxo a barba e você a pança
Quero ver quem se revela

Meia-noite no relógio carrilhão
Sagrada hora pra ele entrar, a maçaneta vai girar...

As duas bandas da porta amarela fechadas
O buraco da fechadura, não
Só eu pescando, pescando
Sono solapa asas da imaginação
O Zé apagado ali, no quarto de toalete
Esconderijo abreviado
Sentinela pede penico, bate biela
Um olho afina, o outro encurta
Melhor que entre sem escuta
Quem me encanta, me tutela!

Soube muito tempo depois.

esperança

✪ O sujeito pode até estar oculto,
mas existe
Na luz de melhores dias, o verbo
conjuga otimismo sob a nesga de um
céu azul...

(essa frase foi lançada em solo fértil, com certeza)

26/04/21

ESPERANÇAR

Amanheci um berço de relva
Vou fatigar a TV até ficar cheia de mim
Essa desesperação noticiaria vai me ouvir

Sou âncora da fé desaparecida
Colher de mel, leitinho morno
Um som de blues bem-acabado
Ponto de cruz no bordado

Não sou sol de inverno embezerrado
Meu ar de ventana cascalha alegria
Vou deixar quem me assiste com traje de dó?

Há pranto sentido e chorado, eu sei
Brado de ais renovado ao vivo!
Vou fechar a matéria sem chamada de lua?

Ei, floração!
Já tô aqui de plateia
Seu fulgor desfibrila coração
Alambica o ranço, a sobra não destilada
Cana já muito mascada, enfastia

Estás em estoque de vasteza
Uma reza clarão te acompanha
Vim à tona em largueza
Seu cascalho me drenou
Agora vou-me
Deixo-te com ti mesmo na esperança
De um café com broa e braço dado
Desande de prosa até que o avesso arremate
Nossos laços no bordado.

Se me permite, já vou coando o café.

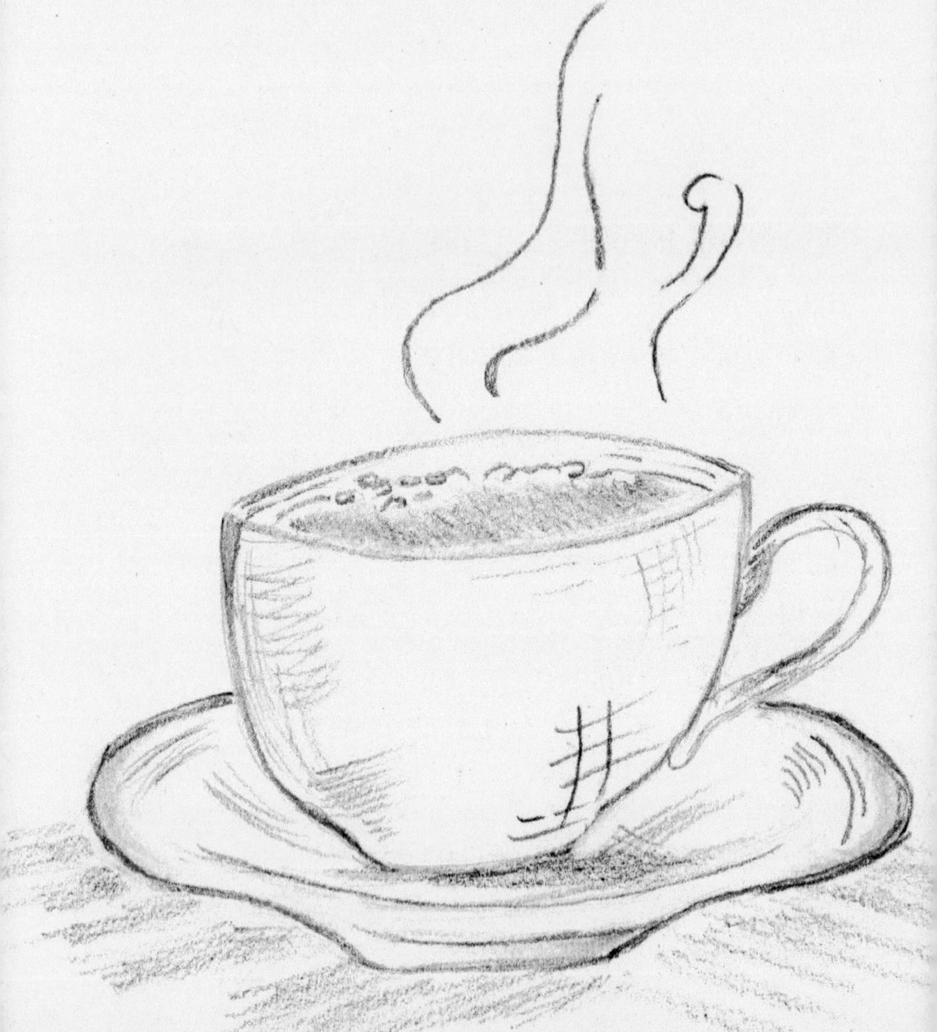

SE EU PENSASSE CALMARIA

A onda alta que quebrou já é
Uma espuma branca na arrebentação
    No instante seguinte

O gosto amargo do boldo já é
Chá prestimoso no estômago zangado
    No instante seguinte

Banho frio arrepiante já é
Luz acesa, remoçamento travesso
    No instante seguinte

Se me penso em calmaria
Pr'alturia, chá de quebra-ondas
Pr'amargueza, banho de espuma
Viveria mais no instante esperançado, antes
Com café ou chá

    (Mas não deixo esfriar)

A AUTORA ALÉM DO DIVÃ

Maria Iris Lo-Buono Moreira — Iris Lo-Buono, graduou-se médica pela UFMG em 1984. No aperfeiçoamento do contato com clientes tornou-se International trainer em Programação Neurolinguística pelo Southern Institute de PNL da Florida (Málaga, Espanha - 1997, Aix-Les Bains, França - 1998 e San Sebastian, Espanha - 2000) em Aplicações Avançadas em Negócios, Terapia e Educação. Em 2004, voltou à UFMG para se especializar em Neurociências e Comportamento. Viveu vinte e dois anos em Juiz de Fora, MG, onde se dedicou à consultoria em Modelagem de estratégias cognitivas e orientação de profissionais, empresas e seus segmentos, em busca da excelência comportamental no falar em público, negociações, *coaching* ou em certificações licenciadas em PNL. Em São Paulo, desde 2008, coordenou a área de Comunicação da empresa ClearSale, quando escreveu o livro institucional lançado na Livraria Cultura em 2012 *"A ClearSale tem um segredo"* sobre gestão através das pessoas. Desde 2014 devota-se ao *coaching* psicoterápico e treinamentos corporativos para Open Mindedness. Em 2020, publicou as *Namoradeiras em Quarentena - poemas na janela*, pela Ofício das Palavras.

ESTE LIVRO FOI IMPRESSO NO INVERNO DE 2021